atebol

ANTARCTICA

Y CYFANDIR RHYFEDDOL

Cyhoeddwyd gyntaf yng Nghymru yn 2026 gan Atebol Cyfyngedig,
Adeiladau'r Fagwyr, Llanfihangel Genau'r Glyn, Aberystwyth, Ceredigion SY24 5AQ

Golygu a pharatoi'r testun: Glyn Saunders Jones ac Alexa Price
Clawr a dylunio: Tanwen Haf
Mapiau a diagramau: Danielle White
Rheolwr hawlfreintiau: Sioned Beynon

Fe hoffai'r awdur a'r cyhoeddwr ddiolch i'r canlynol am eu caniatâd i ddefnyddio'r deunydd hawlfraint yn y llyfr:
iStock (mike_matas), clawr, pengwiniaid tud. 1 a'r pwyntiau bwled; iStock (studio2013), llyfr nodiadau; Tentotwo (CC BY-SA 3.0), tud. 4; iStock (Photodynamic), tud. 5; Kathryn Ellen Whittey, tud. 5; iStock (Mlenny), tud. 6; iStock (simonkr), tud. 7; iStock (staphy), tud. 7; iStock (BDphoto), tud. 8; iStock (nantonov), tud. 9; iStock (Nikola Pesic), tud. 9; Pixabay (DrNickStafford), tud. 9; iStock (gussush), tud. 12; iStock (Jeremy Richards), tud. 14; iStock (Canon_Bob), tud. 14; iStock (BDphoto), tud. 14; iStock (leonardospencer), tud. 15; iStock (NormaZaro), tud. 15; iStock (eco2drew), tud. 16; iStock (PaulFleet), tud. 16; iStock (Page Chichester), tud. 16; iStock (Gerald Corsi), tud. 17; Shutterstock (lego 19861111), tud. 17; iStock (Marcoriveroph), tud. 18; Alamy (Jean-Paul Ferrero/AUSCAPE), tud 18; Oliver Ridley Project, tud. 18; iStock (ilbusca), tud. 19; iStock (richcarey), tud. 19; iStock (Grafissimo), tud. 20; Alexander Julius Jensen, tud. 22; Laboratory of Insect Stress Physiology, tud. 22; Shutterstock (bbevren), tud. 22; iStock (Gerald Corsi), tud. 23; Scott Polar Research Institute, tud. 24; Tanwen Haf, tud. 25; Alamy (Rye Hobie), tud. 25; iStock (SergeyNivens), tud. 26; Kathryn Ellen Whittey, tud. 27; Adobe Stock (Thares2020), tud. 28; iStock (pilipenkoD), tud. 29; iStock (ValerieVS), tud. 30; (Gerald Corsi), tud. 31; iStock (pilipenkoD), tud. 31; iStock (evenfh), tud. 32; iStock (Frank Günther), tud. 32; iStock (Ray Hems), tud. 33; iStock (triloks), tud. 34; iStock (James Moore), tud. 35; Stefan Christmann, tud. 36; iStock (BernardBreton), tud. 37; iStock (Gerald Corsi), tud. 37; iStock (Jodi Jacobson), tud. 37; iStock (Andrew Peacock), tud. 38; iStock (N8tureGrl), tud. 38; iStock (Maggie Hopkirk), tud. 39; iStock (James Moore), tud. 40; British Antarctic Survey (Antony Dubber), tud. 40; iStock (Marco de Benedictis), tud. 41; Rita Willaert (CC BY 2.0), tud. 41; iStock (Jaime Grajales Benjumea), tud. 42; iStock (Gerald Corsi), tud. 43; iStock (Gerald Corsi), tud. 43; Kathryn Ellen Whittey, tud. 44; iStock (Frank Günther), tud. 45; British Antarctic Survey (Pete Bucktrout), tud. 46; iStock (Goddard_Photography), tud. 48; Alamy (SBS Eclectic Images), tud. 49; Alamy (Solvin Zankl), tud. 50; iStock (Gerald Corsi), tud. 50; Glenn Jacobson, tud. 51; Alamy (Doug Allan), tud. 51; Kathryn Ellen Whittey, tud. 52; Kathryn Ellen Whittey, tud. 53; iStock (piotr_malczyk), tud. 53; Kathryn Ellen Whittey, tud. 54; iStock (Ieuan), tud. 55.

Golygwyd gan Adran Olygyddol Cyngor Llyfrau Cymru

ISBN 978-1-80106-535-1

atebol.com

Dymuna'r cyhoeddwr gydnabod cymorth ariannol Cyngor Llyfrau Cymru

Argraffwyd yng Nghymru gan wasg Gomer, Llandysul

FSC www.fsc.org CYMYSGEDD Yn cefnogi coedwigaeth gyfrifol FSC® C114687

ANTARCTICA

Y CYFANDIR RHYFEDDOL

Kathryn Ellen Whittey

atebol

ANTARCTICA

Y cyfandir rhyfeddol

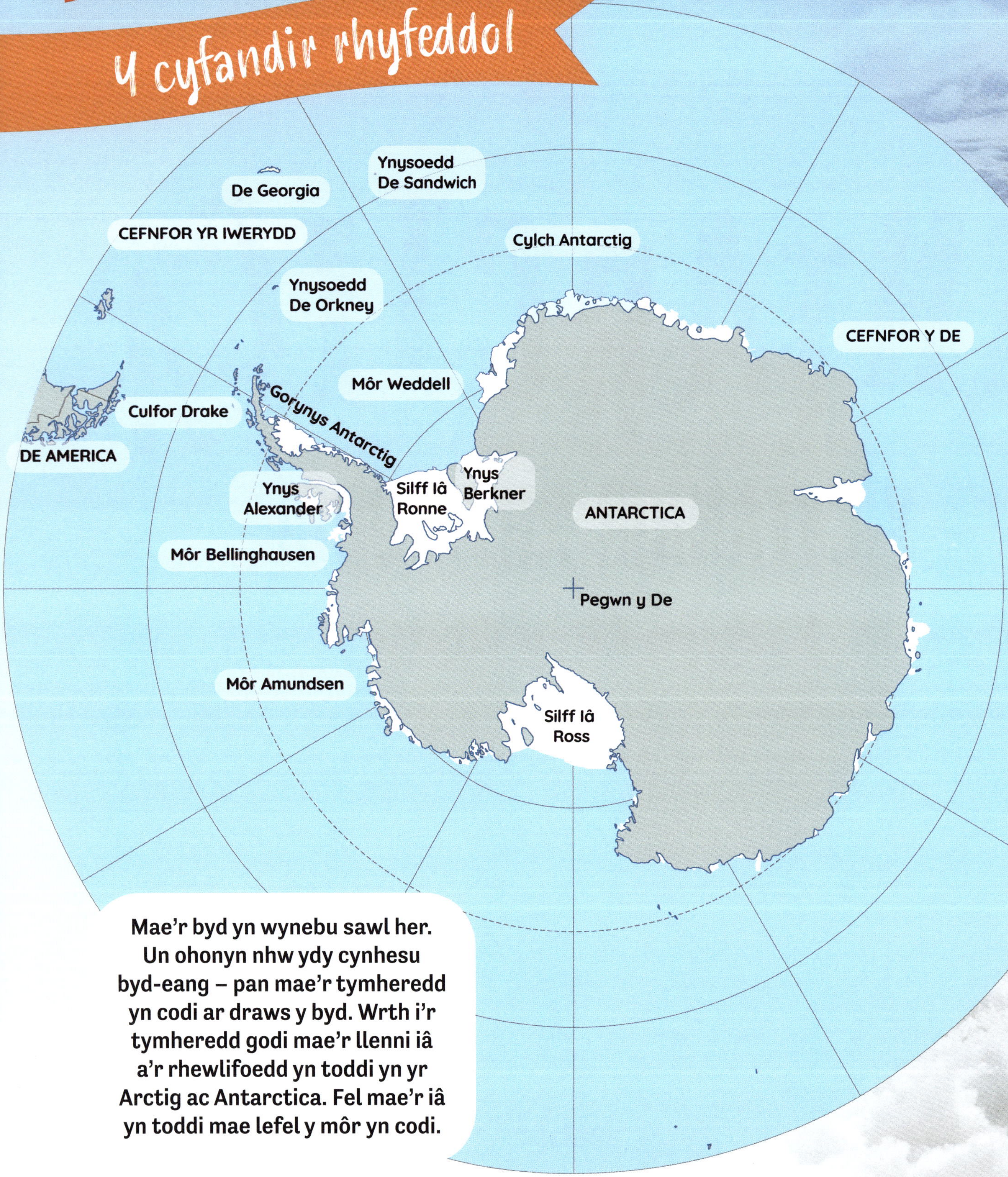

Mae'r byd yn wynebu sawl her. Un ohonyn nhw ydy cynhesu byd-eang – pan mae'r tymheredd yn codi ar draws y byd. Wrth i'r tymheredd godi mae'r llenni iâ a'r rhewlifoedd yn toddi yn yr Arctig ac Antarctica. Fel mae'r iâ yn toddi mae lefel y môr yn codi.

Fy enw i ydy Kathryn.
Dwi'n wyddonydd.

Dwi am wybod mwy am sut mae cynhesu byd-eang yn effeithio ar Antarctica. Dwi eisiau mynd i Antarctica i weld beth sy'n digwydd yno.

Ond sut mae gwneud hynny?

Bydd yn sialens! Trwy lwc, dwi'n clywed am fudiad *Homeward Bound*. Dyma gysylltu â nhw a chael fy nerbyn i ymuno gyda chriw o ferched eraill sy'n wyddonwyr ar eu taith i Antarctica. Roedd y freuddwyd ar fin dod yn wir! Cyfle i mi ymweld ag Antarctica – un o ryfeddodau'r byd, a chyfle i ddysgu mwy am effeithiau cynhesu byd-eang. Cyfle hefyd i roi gwybod i bobl eraill am y pethau dwi wedi'u gweld a beth ydyn ni i gyd yn gallu ei wneud i leihau effeithiau cynhesu byd-eang.

Antarctica

- Cyfandir mwyaf deheuol y byd.
- Mae dwywaith maint Unol Daleithiau America.
- Un o'r mannau oeraf a'r mwyaf gwyntog yn y byd.
- Diffeithwch iâ. Mae'r rhan fwyaf o'r tir wedi'i orchuddio gan iâ.

Does neb yn byw yma drwy'r flwyddyn. Mae'n rhy oer. Yr unig rai sy'n mentro yna ydy gwyddonwyr.

Beth mae gwyddonwyr yn ei wneud yno?

Maen nhw'n astudio:

- llen iâ neu rewlif
- tywydd
- bywyd gwyllt
- y gofod

Gwyddonwyr wrth eu gwaith

Wyt ti'n gwybod?

Beth ydy'r gwahaniaeth rhwng llen iâ a rhewlif?

Llen iâ Mae llen iâ fel blanced fawr, drwchus o iâ sy'n gorchuddio darn mawr o dir. Mae'n cael ei chreu dros gyfnod hir wrth i haenau o eira bentyrru ar ben ei gilydd i ffurfio iâ.

Un o'r effeithiau mwyaf amlwg o newid hinsawdd ydy bod y llenni iâ a'r rhewlifoedd yn toddi.

Rhewlif Mae rhewlif yn ardal o iâ sy'n gorchuddio ardal fawr o dir ac yn aros wedi rhewi am flynyddoedd. Yn aml, mae rhewlifoedd yn cael eu galw yn 'afonydd o iâ' gan eu bod yn llifo'n araf dros y tir. Maen nhw'n i'w gweld mewn ardaloedd lle mae mwy o eira yn disgyn yn y gaeaf nag sy'n toddi yn yr haf, gan achosi i haenau o eira gasglu a throi'n iâ dros flynyddoedd lawer. Maen nhw i'w gweld yn Antarctica neu'r Arctig, ond hefyd mewn mynyddoedd uchel fel yr Alpau, yr Himalayas a'r Andes.

PACIO!

Mae'r antur ar fin cychwyn! Mae'r cyfan wedi'i gytuno gyda *Homeward Bound* a'r cwrs hyfforddiant 12 mis bellach ar ben. Rydyn ni'n barod i fynd i'r cyfandir rhyfeddol.

Cyn cychwyn, roedd rhaid pacio'n ofalus – byddai dim cyfle i siopa ar ôl cyrraedd! Roedd rhaid paratoi rhestr o beth fyddai ei angen ar gyfer yr **antur fawr!**

Bunny Boots

Beth am y traed?

Pâr o welis gyda sanau gwlân Merino tu mewn i gadw'r traed yn gynnes. Er mwyn gwneud yn siŵr nad ydy **clefyd** (*disease*) yn cael ei gario o un ynys i'r llall mae'n rhaid golchi'r welis. Dewis arall o esgidiau fyddai **Bunny Boots** neu **Muklaks** – esgidiau o groen morlo sy'n cael eu defnyddio'n draddodiadol yn yr Arctig.

Beth ydy ystyr ...

... clefyd?
Cyflwr sy'n achosi niwed i iechyd person, anifail, neu blanhigyn.

Ffyn cerdded gyda darn arbennig ar y gwaelod i gerdded mewn eira trwchus.

Y fasged eira ar ffon gerdded

Lluniau o'r teulu, dyddiadur ac offer i chwarae fy hoff gerddoriaeth.

Mae cymaint o waith ymchwil manwl i'w wneud cyn mynd. Bydd rhaid gwneud yn siŵr fy mod wedi cofio am bob dim fydd ei angen arna i ar gyfer y daith – **y daith bell i ddiffeithwch oer Antarctica.**

TROI'R FREUDDWYD YN FFAITH

Mae'n anodd credu bod fy mreuddwyd yn dod yn wir. Ers yn blentyn roeddwn i'n mwynhau darllen y *National Geographic* a rhyfeddu ar y lluniau o fyd natur. Roeddwn i wrth fy modd. Fe fyddwn i'n torri lluniau o'r cylchgrawn ac yna'n eu gosod yn daclus ar waliau fy llofft – a hyd yn oed yn eu gosod ar y to!

Roeddwn i'n 'byw' y lluniau. Roeddwn yn rhyfeddu a chael fy swyno gan ryfeddodau byd natur a'r cyfoeth o fywyd gwyllt. A dyma fi bellach yn bwrw ati i baratoi ar gyfer troi un o fy mreuddwydion yn ffaith. Dwi ar fin ymweld ag un o gyfandiroedd mwyaf rhyfeddol y byd! **Dwi wrth fy modd! Dwi mor gyffrous!**

Waw! Pwy fyddai'n meddwl!

Antarctica – cyfandir oeraf yn y byd. Cofnodwyd tymheredd o **-89.20°C** yno yn 1983.

Antarctica – diffeithwch mwyaf yn y byd. Mae'n cael **llai o law** na Diffeithwch y Sahara.

Mae iâ Antarctica yn cynnwys tua **70%** o ddŵr ffres y byd.

Cyfandir Antarctica

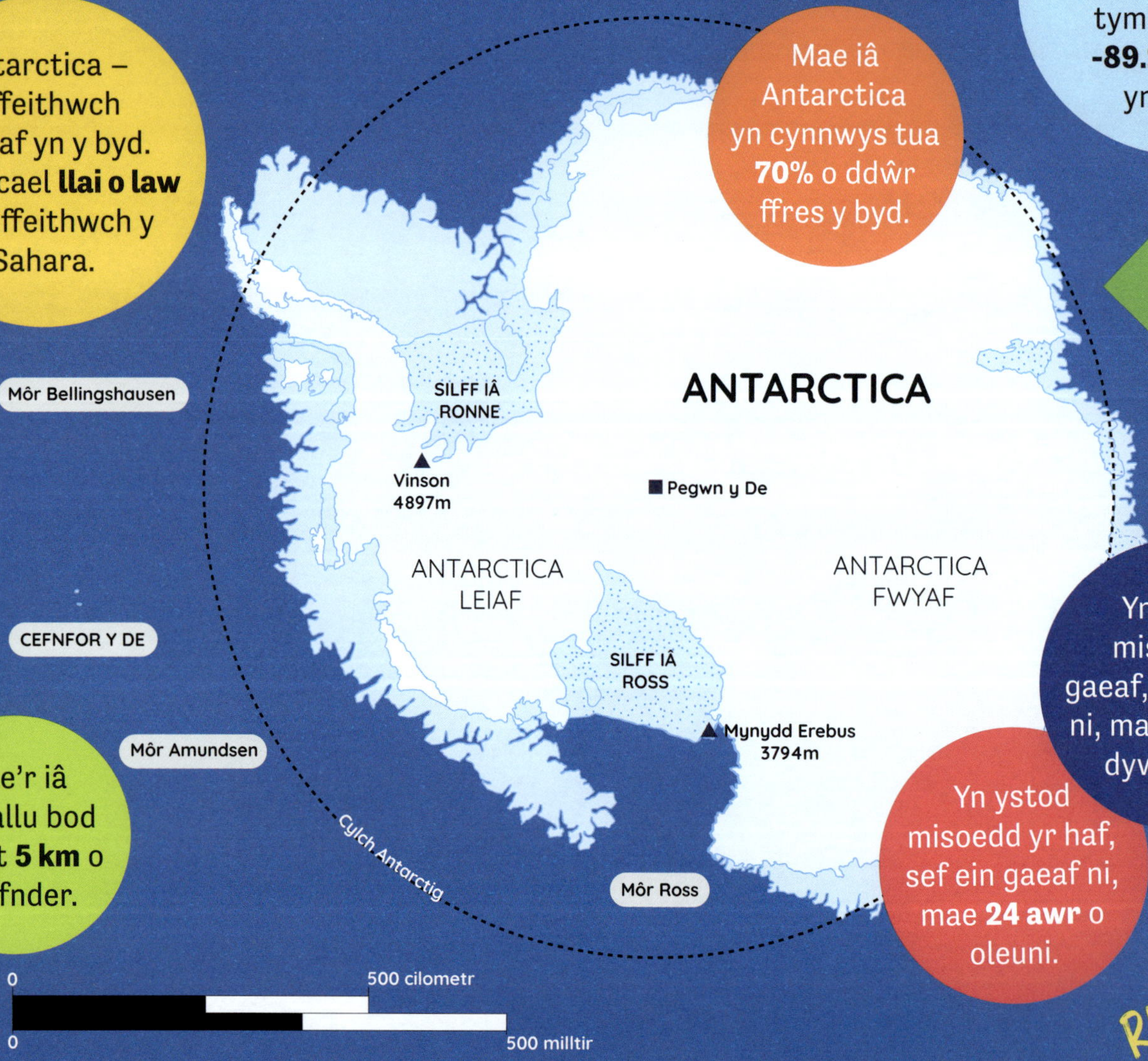

Mae'r iâ yn gallu bod hyd at **5 km** o ddyfnder.

Yn ystod misoedd y gaeaf, sef ein haf ni, mae **24 awr** o dywyllwch.

Yn ystod misoedd yr haf, sef ein gaeaf ni, mae **24 awr** o oleuni.

Rhyfeddol!

Y DAITH I ANTARCTICA

Mae'r diwrnod **mawr** wedi cyrraedd! Mae'r bagiau wedi'u pacio. Dwi wedi derbyn blwyddyn gyfan o hyfforddiant cyn cychwyn ar y daith. Dwi bellach yn barod i gychwyn ar fy **antur fawr**.

Dolgellau fydd dechrau'r daith cyn teithio i Faes Awyr Heathrow ger Llundain i ddal yr awyren i Rio de Janeiro yn Brasil. Yna, dal awyren arall i Buenos Aires cyn hedfan i Ushuaia yn rhan **fwyaf deheuol** yr Ariannin. Dwi angen hedfan dros dau ddeg awr i gyrraedd Ushuaia.

FINO DEL MUNDO

y penrhyn ar 'ddiwedd y byd'

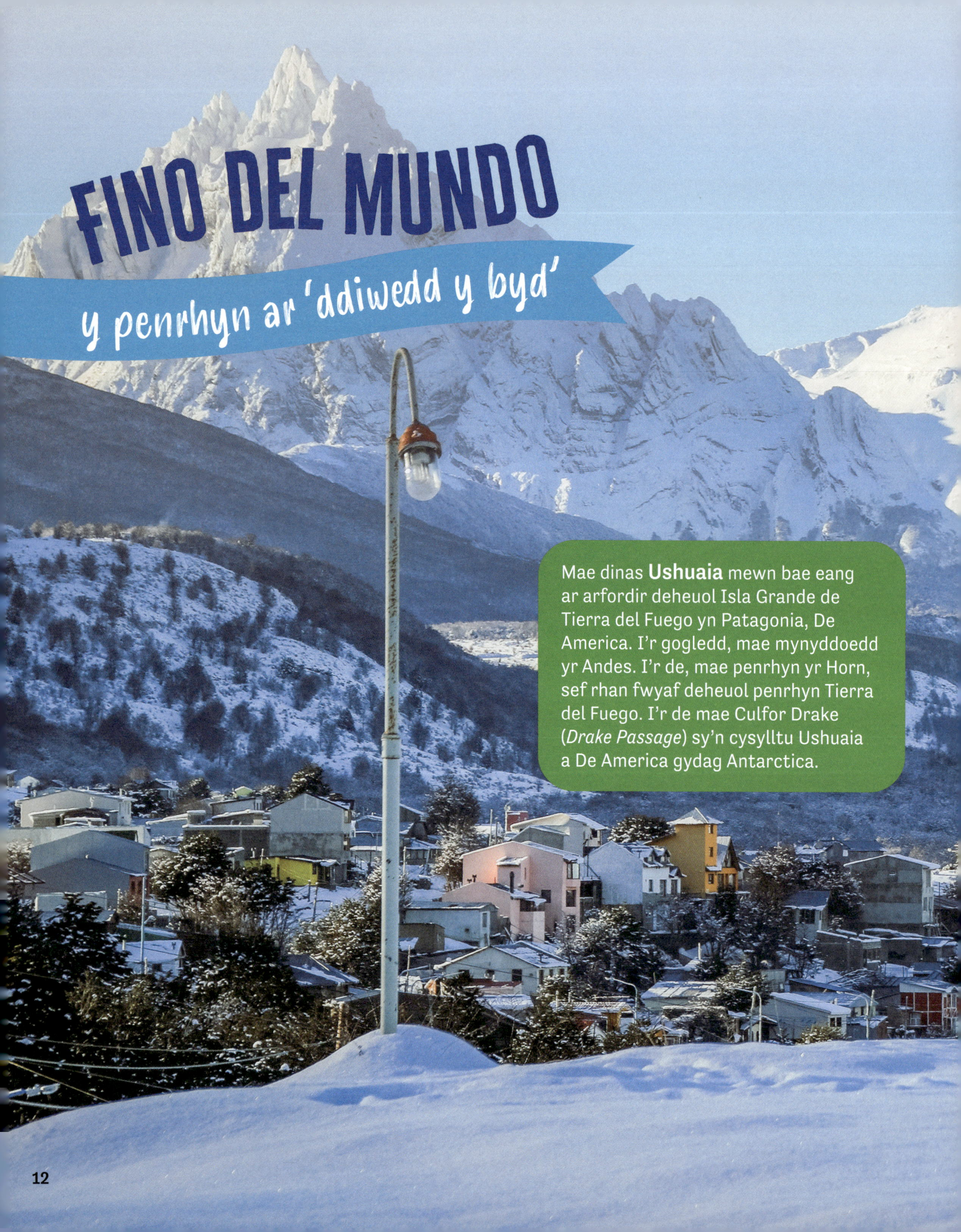

Mae dinas **Ushuaia** mewn bae eang ar arfordir deheuol Isla Grande de Tierra del Fuego yn Patagonia, De America. I'r gogledd, mae mynyddoedd yr Andes. I'r de, mae penrhyn yr Horn, sef rhan fwyaf deheuol penrhyn Tierra del Fuego. I'r de mae Culfor Drake (*Drake Passage*) sy'n cysylltu Ushuaia a De America gydag Antarctica.

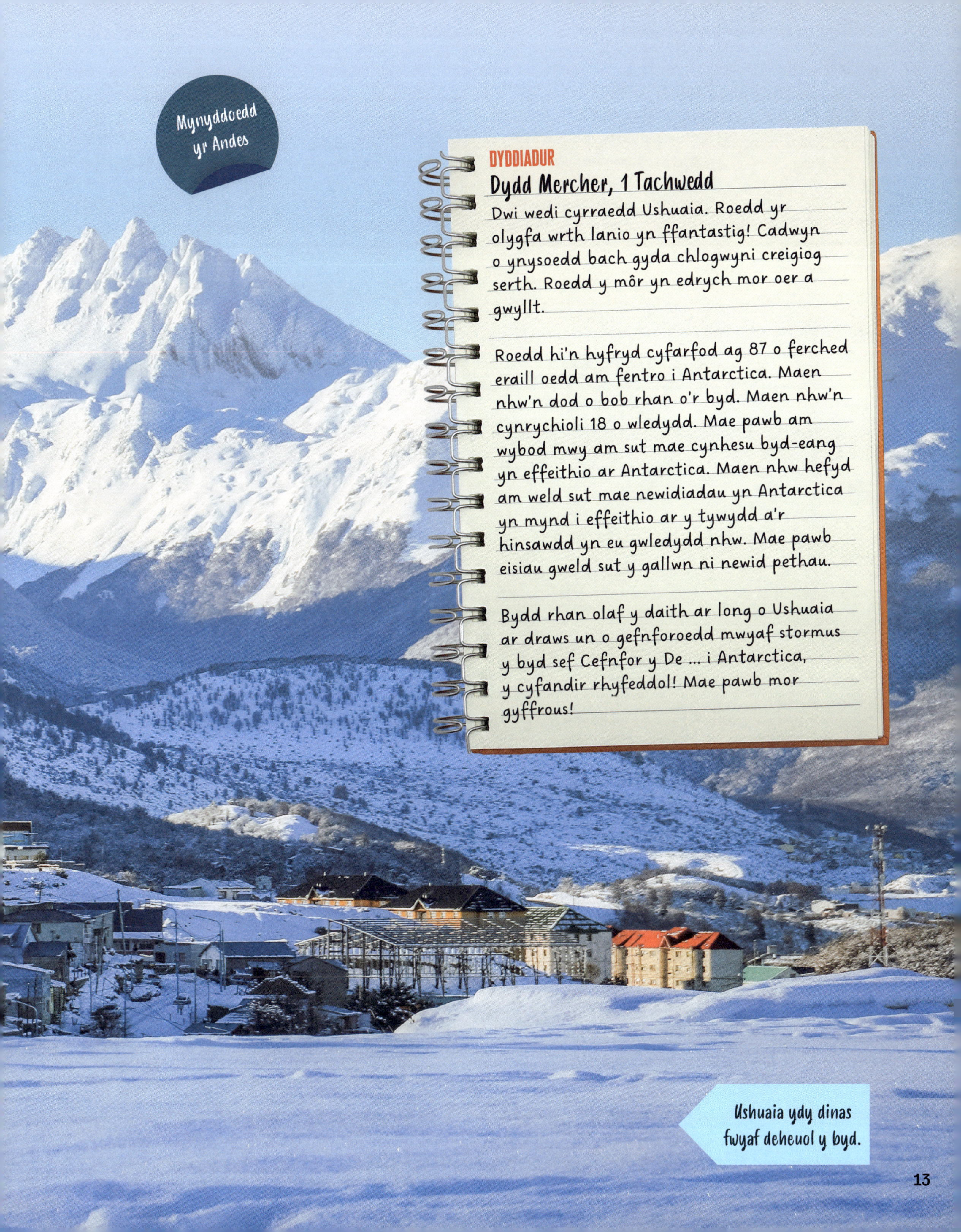

DYDDIADUR

Dydd Mercher, 1 Tachwedd

Dwi wedi cyrraedd Ushuaia. Roedd yr olygfa wrth lanio yn ffantastig! Cadwyn o ynysoedd bach gyda chlogwyni creigiog serth. Roedd y môr yn edrych mor oer a gwyllt.

Roedd hi'n hyfryd cyfarfod ag 87 o ferched eraill oedd am fentro i Antarctica. Maen nhw'n dod o bob rhan o'r byd. Maen nhw'n cynrychioli 18 o wledydd. Mae pawb am wybod mwy am sut mae cynhesu byd-eang yn effeithio ar Antarctica. Maen nhw hefyd am weld sut mae newidiadau yn Antarctica yn mynd i effeithio ar y tywydd a'r hinsawdd yn eu gwledydd nhw. Mae pawb eisiau gweld sut y gallwn ni newid pethau.

Bydd rhan olaf y daith ar long o Ushuaia ar draws un o gefnforoedd mwyaf stormus y byd sef Cefnfor y De ... i Antarctica, y cyfandir rhyfeddol! Mae pawb mor gyffrous!

Ushuaia ydy dinas fwyaf deheuol y byd.

DYDDIADUR

Dydd Iau, 2 Tachwedd

Cerdded i'r harbwr yn Ushuaia i weld lle byddwn ni'n dal y llong mewn diwrnod neu ddau i fynd i Antarctica. Gweld pob math o hwyaid a gwyddau gwyllt, heb sôn am ambell aderyn fel y Caracara Plancus Plancus, Mulfran yr Antarctig a Gwylan y Dolffiniaid.

Mulfran yr Antarctig

Caracara Plancus Plancus

Gwylan y Dolffiniaid

DYDDIADUR

Dydd Sadwrn, 4 Tachwedd

Mae wedi bod yn gyfnod hyfryd iawn yn Ushuaia – cyfle gwych i ddod i adnabod pawb o'r criw. Mae'n braf sgwrsio gyda merched sy'n dod o bob rhan o'r byd, a chael cyfle i chwarae sawl gêm. Roedd digon o hwyl i'w gael.

Mae diwrnod y fordaith wedi cyrraedd. Mae'r bagiau wedi pacio a'u labelu. Galw draw i'r swyddfa bost er mwyn postio 50 o gardiau post i deulu a ffrindiau.

Roedd pawb mor gynhyrfus wrth gychwyn ar eu mordaith i Antarctica. Mae tair llong i'n cludo – fy llong i ydi'r lleiaf o'r tair! Roedd hi'n edrych mor fach ... ond, does dim troi'n ôl.

Ymlaen!

Ffarwelio â phorthladd Ushuaia a phawb i fyny ar y dec yn chwifio eu breichiau wrth i ni adael y tir mawr. Roedd yn brofiad emosiynol iawn. Dwi mor ddiolchgar i deulu a ffrindiau am eu cefnogaeth.

Mae'r daith ar draws Cefnfor y De i Antarctica wedi cychwyn! Byddwn yn croesi un o'r moroedd mwyaf garw a gwyllt yn y byd. Beth sydd o'n blaenau? Dwi'n nerfus ond yn gyffrous iawn.

Gadael Ushuaia!

Roedd rhaid postio adref cyn gadael!

CEFNFOR Y DE

Cefnfor y De ydy un o'r llefydd gorau i weld mynyddoedd iâ (*icebergs*) yn y byd. Maen nhw'n gallu bod yn gannoedd o fetrau uwchlaw lefel y môr – heb sôn am fod yn gannoedd o fetrau o dan lefel y môr.

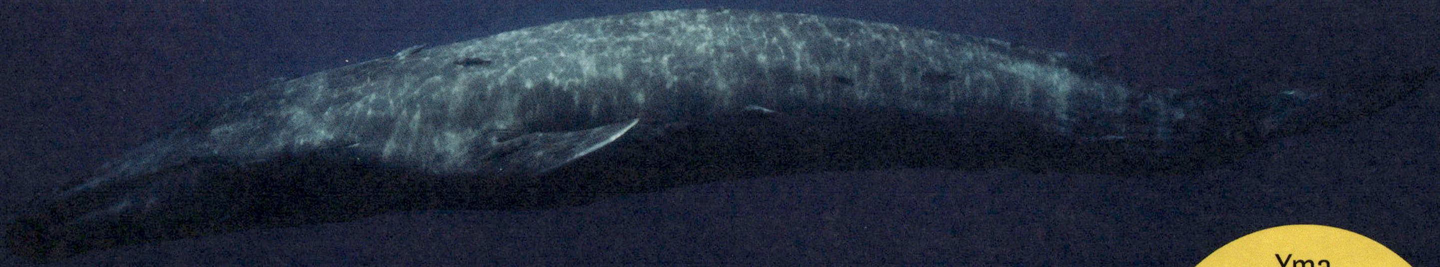

Yma mae cartref yr anifail heb asgwrn cefn mwyaf yn y byd sef y sgwid anferthol (*colossal squid*).

Cefnfor y De ydy un o'r moroedd oeraf yn y byd.

Cefnfor y De ydy un o gefnforoedd y byd. Y cefnforoedd eraill ydy **Cefnfor Iwerydd**, **Y Cefnfor Tawel**, **Cefnfor India** a **Chefnfor Arctig**. Mae pump ohonyn nhw i gyd, ac maen nhw'n gorchuddio dwy ran o dair o'n byd.

Cefnfor y De ydy'r unig gefnfor sy'n amgylchynu'r byd i gyd.

Mae Cefnfor y De yn gyfoethog iawn mewn pysgod a bywyd gwyllt.

Mae cymaint o amrywiaeth yn y cefnfor, o'r organebau lleiaf fel microbau, algâu a cril i'r mamal mwyaf yn y môr, sef Morfil Glas Antarctica. Gall hwn fwyta cymaint â 4 tunnell o cril mewn diwrnod!

Cril

- Mae cril (*krill*) yn gallu byw hyd at 10 mlynedd.
- Maen nhw'n byw tua 100 metr o dan wyneb y dŵr.
- Maen nhw'n gallu adlewyrchu golau. Mae rhai gwyddonwyr yn dweud mai pwrpas y golau ydy fel eu bod nhw'n gallu 'siarad' gyda'i gilydd. Mae gwyddonwyr eraill yn dweud mai'r pwrpas ydy drysu a rhwystro gelynion rhag ymosod arnyn nhw pan fyddan nhw'n symud drwy'r dŵr gyda'i gilydd.

Cril...
anifail rhyfeddol!

Maen nhw'n bwyta algâu microsgopig. Cril ydy prif fwyd pysgod a morfilod. Mae llai o cril yn golygu bod llai o fwyd i bawb. Byddai llai o bysgod a morfilod. Byddai hynny wedyn yn effeithio ar **gadwyn fwyd** y pengwin, y morlo a'r morfil.

Beth ydy ystyr ...
... cadwyn fwyd?
Dyma sut mae pethau byw yn dibynnu ar ei gilydd am fwyd.

Mae dŵr môr yn cynnwys **halen** felly mae'n hallt. Mae'r halen sydd yn y môr yn dod yn bennaf o greigiau a phridd. Mae'n hefyd yn dod o greigiau ar wely'r môr. Mae'r halen o'r creigiau yn toddi yn y dŵr. Mae'n **rhaid** i greaduriaid y môr fel Crwban y Môr ddelio gyda'r halen yma.

Crwban y Môr

Mae Crwban y Môr yn llyncu dŵr y môr wrth iddo fwyta. Er mwyn cael gwared ar yr halen, mae ganddo chwarennau (*glands*) yn ymyl ei lygaid sy'n rhoi'r halen yn ôl i'r dŵr. Pan fydd y crwban ar y tir mae'n edrych fel ei fod yn crio.

Crwban y Môr yn crio

Sgwid anferthol

Un o'r anifeiliaid mwyf trawiadol yng Nghefnfor y De ydy'r **Sgwid Anferthol** (*Colossal Squid*). Dyma'r anifail mwyaf yn y byd sydd heb asgwrn cefn. Maen nhw'n fawr! Mae rhai ohonyn nhw'n gallu pwyso cymaint â **500 cilogram** (kg). Dydyn nhw ddim angen llawer o fwyd – maen gallu byw ar 30 gram y dydd (sydd tua'r un faint ag un darn o fara neu dwy fisged!). Eu hoff fwyd ydy Pysgodyn Dannedd Antarctica.

Mae'r octopws yma hefyd yn perthyn i'r un ecosystem o dan yr iâ

ANGEN GWARCHOD ECOSYSTEM ANTARCTICA

Ecosystem ydy casgliad o anifeiliaid, planhigion a micro-organebau sy'n byw gyda'i gilydd mewn un lle. Gan fod yr ecosystem yn Antarctica yn syml iawn mae 'bylchau' o fewn yr ecosystem. O ganlyniad, mae rhywogaeth arall o ran arall o'r byd yn gallu llenwi'r 'bwlch' yma. Mae'n bwysig gwneud yn siŵr felly bod hyn ddim yn digwydd. Byddai cyflwyno **rhywogaeth** arall yn niweidio'r ecosystem. Ond y broblem ydy bod y cyfandir yn fwy **prysur** nag erioed. Mae mwy o wyddonwyr, a mwy o ymwelwyr ar longau pleser, yn ymweld ag Antarctica.

Beth ydy ystyr ...

... rhywogaeth?

Dosbarth o bethau byw sy'n rhannu rhai nodweddion sy'n debyg i'w gilydd ac sy'n atgenhedlu â'i gilydd. Y gair Saesneg am rywogaeth ydy *species*.

Gwarchod Antarctica

- Angen glanhau pob dim yn ofalus cyn cychwyn ar y daith i Antarctica – dillad, esgidiau, bagiau a phob darn o offer.
- Yn ystod y cyfnod yn Antarctica bydd angen glanhau pob peth cyn symud o un lle i'r llall.
- Lle ar y llong i lanhau esgidiau a diheintio (*disinfect*) dillad, bagiau ac offer.
- Dweud wrth yr awdurdodau os bydd rhywun yn dod o hyd i rywogaeth sydd ddim yn perthyn i Antarctica.

Mae pob llong, pob cargo, a phob person yn gallu cyflwyno rhywogaeth newydd sydd ddim yn perthyn i Antarctica. Mae hyn yn gallu niweidio Antarctica. Mae'n bwysig ein bod yn gwarchod Antarctica rhag bod hyn yn digwydd.

Mae mwy o ymwelwyr yn ymweld ag Antarctica bob blwyddyn

O'r lleiaf i'r MWYAF!

Gwybedyn yr Antarctig

Mae'r tymheredd **o dan y rhewbwynt**. Mae'r gwynt yn chwythu dros **wyth deg milltir yr awr**. Mae'n anodd credu bod unrhyw beth yn gallu byw drwy'r gaeafau creulon. Ond o dan yr eira, mae Gwybedyn yr Antarctig (*Belgica Antarctica* neu *midge* yn Saesneg) yn hapus ei fyd drwy'r cyfan.

Credwch chi byth, dim ond 3 milimetr o hyd ydy'r gwybedyn, o'i gorun i'w sawdl. Er gwaethaf ei faint, y gwybedyn hwn ydy'r gwybedyn brodorol mwyaf cyffredin yn Antarctica.

Mae Gwybedyn yr Antarctig yn treulio'r rhan fwyaf o'i fywyd fel larfa. Mae'r larfa yn byw o dan yr iâ, lle mae'n cael ei amddiffyn rhag y tywydd oer gan haenau o eira ac iâ.

Er bod y tymheredd yn gallu bod tua **-40°C** mae'r tymheredd o dan yr eira rhwng **0°C** a **-5°C**. Er mwyn cadw'n fyw, mae'r gwybedyn yma wedi addasu i'r amgylchedd rhewllyd dros filiynau o flynyddoedd.

Morfil Glas

- Y **morfil glas** ydy'r anifail mwyaf ar y Ddaear.
- Mae'r morfil glas tua 30 metr o hyd ac yn pwyso cymaint â 200 tunnell.
- Maen nhw'n byw rhwng 80 a 90 mlynedd yn y gwyllt.
- Eu prif fwyd ydy cril.
- Maen nhw'n dod i'r wyneb i anadlu bob 10–20 munud.
- Roedden nhw ar fin diflannu ar un tro oherwydd hela. Erbyn hyn, maen nhw'n cael eu gwarchod gan y gyfraith ac mae eu nifer yn cynyddu.

DYDDIADUR

Dydd Sul, 5 Tachwedd

Mae pawb mewn hwyliau da ar fwrdd y llong, ac yn edrych ymlaen at deithio ymhellach i'r de tuag at Antarctica. Mae'r gwyntoedd o'r gorllewin wedi cryfhau ac mae'r môr yn fwy garw. Rydyn ni bellach wedi cyrraedd ardal wyntog y Roaring Forties sydd rhwng lledred 40° a lledred 50° i'r de. (Lledred = Latitude.) Bydd hi'n siŵr o fynd yn waeth fel y byddwn ni'n cyrraedd y Furious Fifties sydd rhwng lledred 50° a lledred 60° i'r de. Un peth sy'n bendant – mae'r fordaith hon yn un o'r teithiau mwyaf heriol yn y byd. Dwi'n gobeithio am y gorau!

Dwi'n mentro allan o'r caban ac yn dringo'r grisiau tuag at y dec. Dyna beth oedd profiad – roedd y llong fel corcyn mewn dŵr! Un funud roeddwn yn gweld y gorwel ac yna'r funud nesaf roeddwn yn gweld yr awyr uwchben!

Maen nhw ffrio wyau yn y gegin ... dwi'n teimlo'n reit sâl!

Dwi'n penderfynu mai'r peth gorau ydy gorwedd ar y gwely a chau fy llygaid. Dwi'n llwyddo i gysgu y rhan fwyaf o'r daith wrth groesi Culfor Drake.

Mae **Culfor Drake** yn gwahanu De America o Benrhyn yr Antarctig, a dyma un o'r moroedd mwyaf garw a pheryglus i'w groesi yn y byd. Pam? Am fod cerrynt y Cefnfor Tawel, Cefnfor yr Iwerydd a Chefnfor y De yn cyfarfod yma. Maen nhw'n cael eu gwasgu at ei gilydd rhwng cyfandir De America a Phenrhyn yr Antarctig. Mae rhywbeth tebyg i'w weld yn Swnt Enlli, lle mae'r dŵr yn cael ei 'wasgu' rhwng Ynys Enlli a Phenrhyn Llŷn.

Mae'r gwyntoedd yng Nghulfor Drake yn gryf iawn gan nad oes tir i 'dorri' ar gryfder y gwynt o Gefnfor y De.

Croesi Culfor Drake

Y DYDDIAU CYNNAR

Mae pobl wedi bod yn mentro i diroedd oer Antarctica ers canrifoedd lawer. Er enghraifft, mae storïau traddodiadol o Seland Newydd yn sôn am y Maori yn hwylio draw yno ar yr *Hui Te Rangiora* i gyfeiriad Antarctica yn ystod y seithfed ganrif.

Un o'r anturiaethwyr cyntaf i fentro cyrraedd Pegwn y De o Brydain oedd **Robert Scott** a hwyliodd o Gaerdydd i Antarctica yn 1911. Roedd am fod y person cyntaf i gyrraedd yno. Ond, roedd person arall o Norwy sef **Roald Amundsen** hefyd gyda'r un freuddwyd. Roedd y ddau am ennill! Cyrhaeddodd Scott Pegwn y De ar **17 Ionawr 1912** – ond roedd baner Norwy yno'n barod! Roedd Amundsen wedi cyrraedd ar **14 Rhagfyr 1911**.
Ar y daith yn ôl fe gollodd Scott, Wilson, Oates, Bowers ac Evans eu bywydau. Cafwyd hyd i ddyddiadur Scott sy'n dweud "cofiwch ddilyn eich breuddwydion"

Cofeb i Robert Scott, Parc y Rhâth, Caerdydd

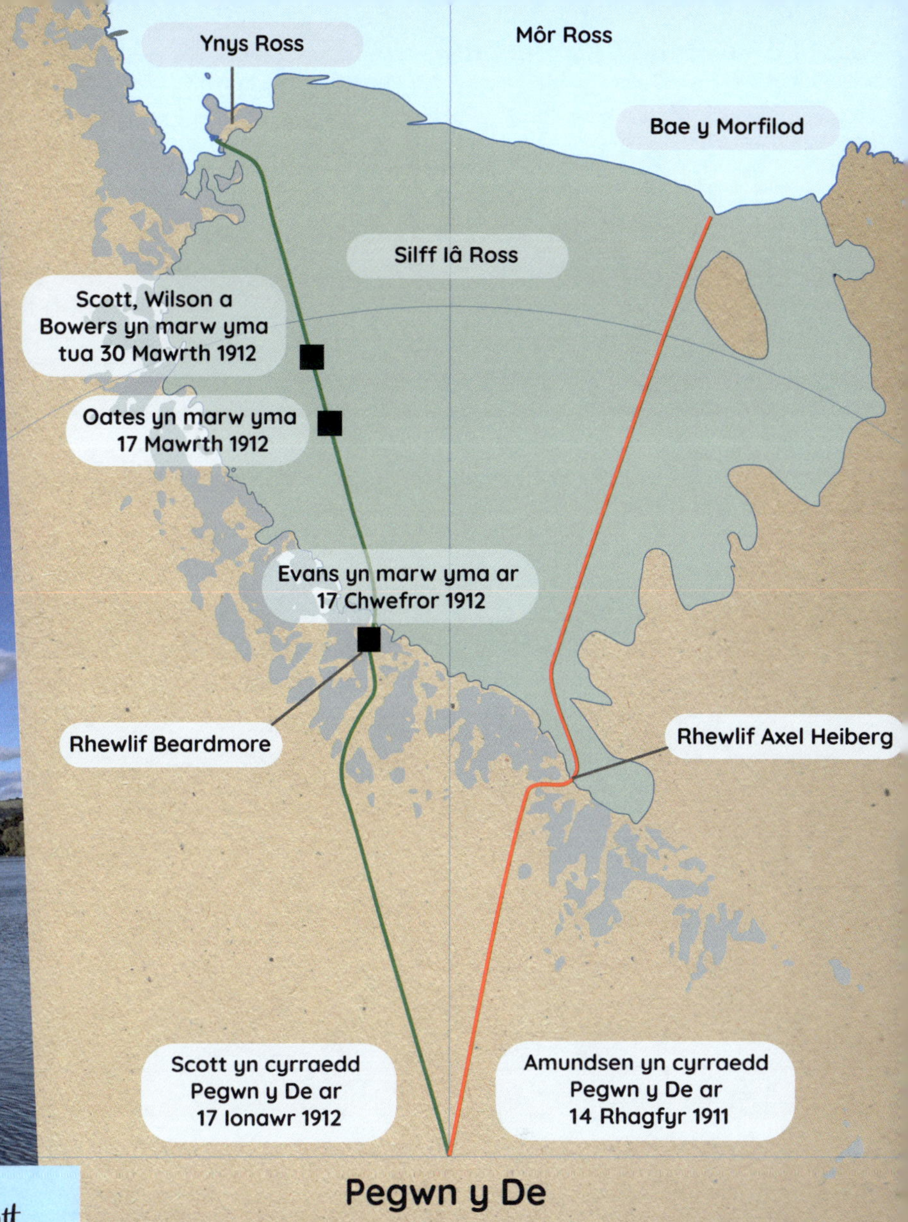

Antur fawr Capten James Weddell i Antarctica yn 1823

Ar 22 Chwefror 1823 teithiodd **Capten James Weddell** yn bellach i'r de yng Nghefnfor y De nag unrhyw anturiaethwr arall erioed. Enwyd môr ar ei ôl, sef **Môr Weddell** a rhoddwyd ei enw ar forlo, sef **Morlo Weddell**.

Weddell oedd Capten y Jane, sydd ar y blaen

MYNYDD IÂ

Darn mawr o iâ sydd wedi torri i ffwrdd o'r tir mawr a disgyn i'r môr yw mynydd iâ. Mae'r darn mawr hwnnw yn arnofio yn y môr. Mae'r rhan fwyaf ohono o'r golwg o dan y tonnau – mae cymaint â 90% o bob mynydd iâ yn gallu bod o dan y dŵr.

Mae'r darn o iâ yn arnofio (yn aros ar wyneb y dŵr) heb suddo.

DYDDIADUR

Dydd Llun, 6 Tachwedd

Profiad rhyfeddol bore 'ma. Edrych allan drwy'r ffenest fach gron a gweld mynydd iâ! Dyma'r tro cyntaf i mi weld mynydd iâ – golygfa ryfeddol! Mae'n edrych mor fawr uwchlaw lefel y dŵr ond mae'r rhan fwyaf ohono o dan wyneb y dŵr. A dyna pam y mae'n beryglus iawn i longau fynd yn rhy agos atyn nhw.

Rydym wedi cyrraedd môr tawelach Antarctica erbyn hyn. Dwi'n gallu mynd i fyny ar y dec i weld y golygfeydd. Mae'r aer yn teimlo'n oer a llaith ar fy nghroen. Dwi'n gwisgo sawl haen o ddillad isaf thermal, cot gynnes ysgafn sy'n gwrthsefyll dŵr, sgarff a menig cynnes. Dwi'n barod i fentro allan!

DYDY ANTARCTICA **DDIM** YN BWYSIG! ...

Er bod y cyfandir yn bell iawn o Gymru, mae Antarctica yn effeithio ar ein hinsawdd ni yng Nghymru a gwledydd eraill yn y byd. Mae llenni iâ Antarctica yn adlewyrchu pelydrau'r haul ac yn rhwystro neu'n arafu cynhesu byd-eang. Gyda'r byd yn cynhesu mae'r llenni iâ a'r rhewlifoedd yn toddi ... ac mae lefelau'r môr ar draws y byd yn codi.

Mae'r cefnforoedd a'r ecosystemau yn Antarctica yn bwysig o ran rheoli hinsawdd y byd. Gyda'i gilydd mae'r ffactorau hyn i gyd yn helpu i rwystro neu arafu cynhesu byd-eang ...

... mae Antarctica yn bwysig!

Mae'r morfil, y pengwin a'r morlo yn rhan bwysig o fywyd gwyllt Antarctica. Ond yr hyn sy'n rhyfeddol ydy bod y cril yn chwarae rhan bwysicach na nhw yn y gadwyn fwyd ... a hynny er eu bod nhw mor fach!

EDRYCH YN ÔL ... ER MWYN EDRYCH YMLAEN!

Mae'n bosib **drilio** i lawr i'r llenni iâ i weld beth oedd hinsawdd y byd tua **800,000** o flynyddoedd yn ôl. Drwy fesur nwyon fel carbon deuocsid, methan ac ocsid nitrus (*nitrous oxide*) sydd yn yr iâ mae'r gwyddonwyr yn gallu gweld sut mae'r hinsawdd wedi newid dros amser.

Mae cerrynt cryf Cefnfor y De hefyd yn effeithio ar y tywydd a'r hinsawdd ar draws y byd. Mae Antarctica yn gyfrifol am dynnu miliynau o dunelli o'r nwy carbon deuocsid o'r atmosffer pob blwyddyn. **Mae hyn yn arafu cynhesu byd-eang.**

YNYS HALF MOON

Ynys fechan yn yr Antarctig ydy hon, a does neb yn byw yma. Mae siâp yr ynys yn debyg iawn i hanner lleuad, sy'n esbonio ei henw. Mae'r ynys tua 2 km o un pen i'r llall.

Lleoliad Ynys Half Moon ac Ynys Deception

Mae'n gartref i bengwin bach diddorol iawn. Mae'n edrych fel bod ganddo strap o gwmpas ei wyneb – dyma'r Chinstrap.

Pengwin Chinstrap

DYDDIADUR

Dydd Mawrth, 7 Tachwedd

Penrhyn yr Antarctig! Rydyn ni bellach wedi glanio ar dir mawr cyfandir Antarctica.

Profiad braf. Cyfle byr i setlo mewn. Rydyn ni am ymweld ag Ynys Half Moon fory. Yna, rydyn ni'n ymweld ag Ynys Deception sy'n rhan o Ynysoedd De Shetland.

DYDDIADUR

Dydd Mercher, 8 Tachwedd

Dwi mor gyffrous i ymweld ag Ynys Half Moon! Rydyn ni'n mynd draw i'r ynys mewn cychod bach rwber sy'n cael eu galw'n Zodiacs. Mae'r môr a'r awyr mor dywyll ond mae'r eira yn llachar wyn – sbectol haul amdani!

Ar ôl glanio dwi'n gweld y pengwiniaid cyntaf dwi wedi'u gweld yn y gwyllt. Mae'n rhyfeddol eu gweld yn eu hamgylchfyd naturiol. Mae mor wahanol i'w gweld nhw mewn sw.

Wrth groesi'r tir tua'r môr maen nhw'n creu llwybrau clir i'w dilyn. Wrth i ni gerdded ar hyd y llwybrau mae'n rhaid i bob un ohonom ni gadw at y rheolau. Un o'r rheolau hynny ydy rhoi blaenoriaeth i'r pengwin pob tro.

Nhw'n sy'n rheoli yma!

Pengwiniaid yn dilyn llwybr maen nhw wedi'i greu i deithio rhwng y tir mawr a'r môr

Waw! Pwy fyddai'n meddwl!

Morlo Weddell yn ymlacio'n braf – dyma'r bywyd!

Morloi Weddell

- Maen nhw'n bwyta pysgod ac adar yn bennaf.
- Maen nhw'n siarad gyda'i gilydd drwy wneud sŵn sy'n debyg i clic-clic-clic.
- Braster (*blubber*) o dan eu croen sy'n eu cadw'n gynnes.
- Maen nhw'n gallu aros o dan y dŵr am 80 munud wrth hela am bysgod a sgwid.
- Maen nhw'n ddeifwyr anhygoel.
- Maen nhw'n defnyddio eu dannedd i greu tyllau anadlu yn yr iâ.

Mae'r rhai bach mor annwyl

Un o'r golygfeydd rhyfeddol oedd gweld Morlo Weddell. Maen nhw mor arbennig. Dydyn nhw ddim yn symud wrth i ni agosáu. Maen nhw mor ddof.

AM SŴN!

Morfil yn 'chwythu aer'

Choeliwch chi byth!

Mae Antarctica yn gallu bod yn lle **swnllyd iawn!** Mae'r iâ yn symud ac mae'r pengwiniaid mor swnllyd. A dyna chi'r gwyntoedd cryf a thonnau gwyllt y môr ... heb sôn am ambell forfil glas yn 'chwythu aer'!

Dolffiniaid yn neidio'r tonnau yng Nghefnfor y De ger Antarctica

Mae'r sŵn mae morfilod a dolffiniaid yn ei wneud yn helpu gwyddonwyr i weld ble maen nhw'n mynd. Mae gwyddonwyr hefyd eisiau gwybod mwy am sut maen nhw'n cysylltu gyda'i gilydd wrth chwilio am fwyd.

LLEN IÂ

Y ddwy len iâ fwyaf yn y byd ydy Antarctica a Grønland (Yr Ynys Las, neu Greenland).

Waw! Pwy fyddai'n meddwl!

Ar gyfartaledd, mae dyfnder yr iâ yn gallu bod hyd at **2 km**.

Maen nhw'n gorchuddio tua **14 miliwn km sgwâr** (km^2) o'r tir.

Maen nhw'n cynnwys tua **90%** o iâ y byd.

Mae cynhesu byd-eang yn newid Antarctica. Mae'r llenni iâ a'r rhewlifoedd yn mynd yn llai o ran eu maint. Mae'n bosib gweld fel mae'r iâ wedi lleihau. Mae Antarctica yn newid!

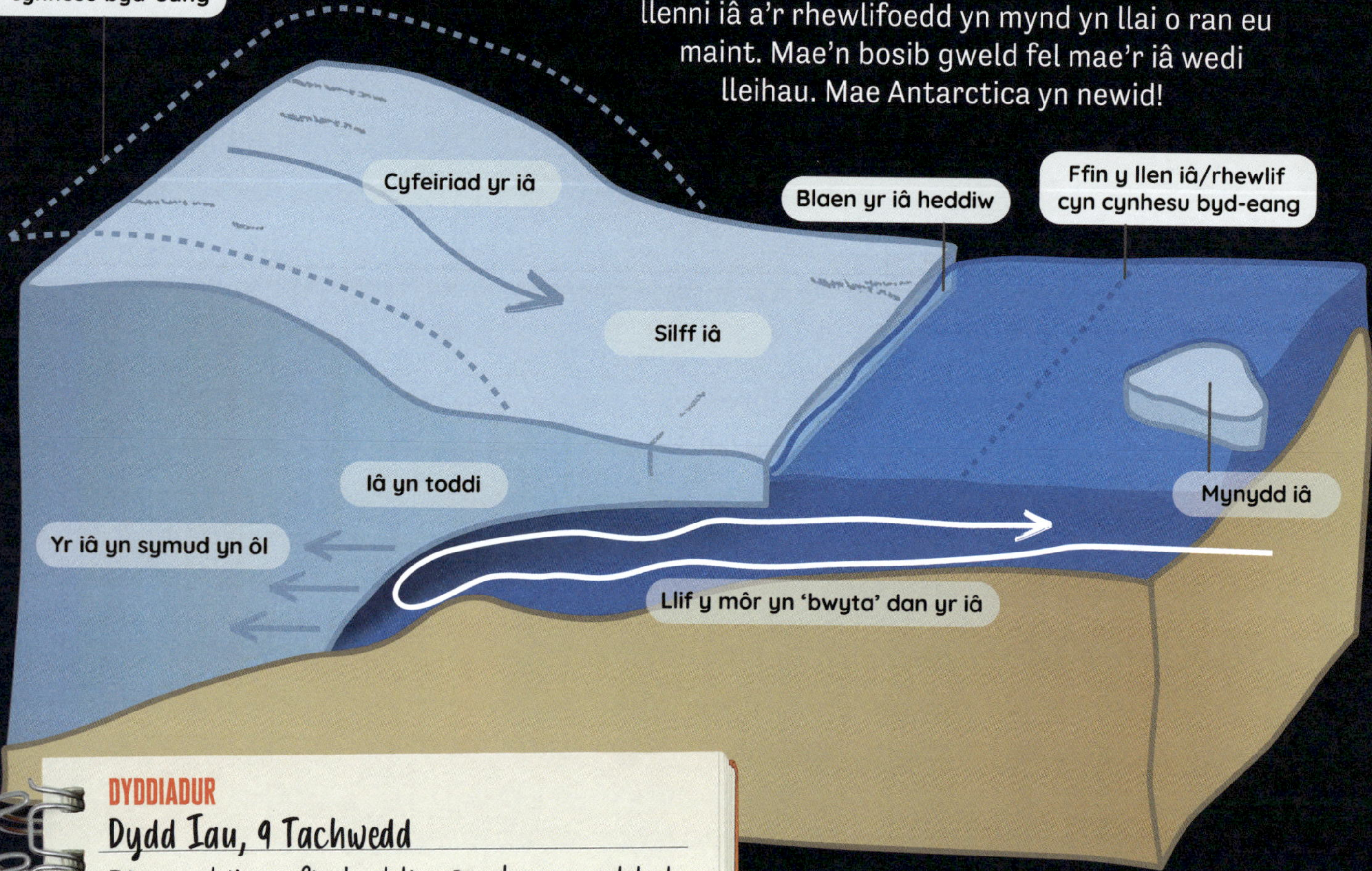

DYDDIADUR

Dydd Iau, 9 Tachwedd

Diwrnod i'w gofio heddiw. Pawb yn cerdded i ben bryn bychan a sefyll yno i wrando'n astud ar bopeth o'n cwmpas. Roedd hi'n dawel, ond eto, roedd synau cyffrous byd natur o'n cwmpas. Profiad arbennig iawn oedd gweld criw o forfilod yn 'chwythu aer', ac ambell gynffon yn chwipio uwchben y dŵr. Rhyfeddol!

Wrth groesi'r bae gwelais glogwyn iâ yn hollti. Roedd darnau o'r iâ yn 'torri' o'r tir mawr ... a'r darnau wedyn yn llithro i'r môr. Y fath sŵn! Am olygfa ffantastig!

Mae'r criw yn dod o sawl gwlad, ac mae un yn dod o India, felly rydyn ni'n dathlu gŵyl Diwali heno. Dyma gyfle i werthfawrogi cyfoeth ein traddodiadau gwahanol.

Un bobl ydyn ni.
Mae gennym gymaint i'w ddathlu!
Cymaint i'w drysori!

Dathlu Diwali

RHYFEDDOL!

LLOSGFYNYDDOEDD YN ANTARCTICA

Antarctica ydy un o'r llefydd oeraf yn y byd – ac eto mae **dau losgfynydd** yma, sef Mynydd Erebus ac Ynys Deception.

BYD Y PENGWIN

Mae Antarctica yn gartref i tua **5 miliwn** o bengwiniaid. O'r 17 rhywogaeth sydd yn y byd, mae 8 i'w gweld yma. Maen nhw'n gallu byw yma, er bod y tymheredd yn aml yn gostwng *ymhell* o dan y rhewbwynt.

Dydy'r pengwin **ddim yn hedfan** ond maen nofiwr *gwych*. Mae'n treulio'r rhan fwyaf o'i amser yn y môr. Ei hoff fwyd ydy pysgod o bob math. Aderyn ydy'r pengwin ac felly does ganddo ddim dannedd!

Mae'r pengwin yn aderyn sy'n hoffi cwmni. Weithiau, bydd *miloedd* ohonyn nhw'n casglu gyda'i gilydd. Maen nhw'n gallu 'siarad' gyda'i gilydd drwy ddefnyddio synau gwahanol. Mae gan bob pengwin ei **'lais'** ei hun. Mae hyn yn ei helpu i ddod o hyd i'w gywion bach, a'i ffrindiau.

Mae'r teulu a'r gymuned yn *bwysig iawn* i'r pengwin. Mae ganddo sgiliau hela gwych. Mae'r sgiliau yma'n ei helpu i fyw yn un o'r llefydd **mwyaf anodd ar wyneb y Ddaear.**

Pengwin Ymerodrol

- Mae'r Pengwin Ymerodrol yn tyfu hyd at 115 cm o daldra. Mae olion ffosil wedi dangos bod pengwiniaid oedd yn byw yn Seland Newydd tua **30 miliwn** o flynyddoedd yn ôl mor fawr ag oedolyn!
- Dyma'r mwyaf o'r pengwiniaid. Mae'n pwyso hyd at 40 kg.
- Ei brif fwyd ydy pysgod, a'i ffefryn ydy Pysgodyn Arian yr Antarctig (*Antarctic silverfish*).

- Mae'n gallu cerdded hyd at 120 km y dydd.
- Mae'n gallu nofio o dan y dŵr am tua 22 munud.
- Y pengwin **gwryw** sy'n gofalu am yr wyau yn ystod y cyfnod magu. Mae'n gosod yr wyau ar ben ei draed. Mae fflap cynnes o groen o gwmpas yr wy. **Diddorol!**
- Mae'n gallu byw mewn tywydd oer iawn (hyd at -60°C) a gwyntoedd cryf (hyd at tua 125 milltir yr awr) yn y gaeaf. Er mwyn cadw'n fyw yn y tywydd garw mae'r pengwiniaid yn closio'n agos at ei gilydd i gadw'n gynnes. Mae angen cwtsh (*huddle*) i gadw'n fyw.

Pysgodyn Arian yr Antarctig

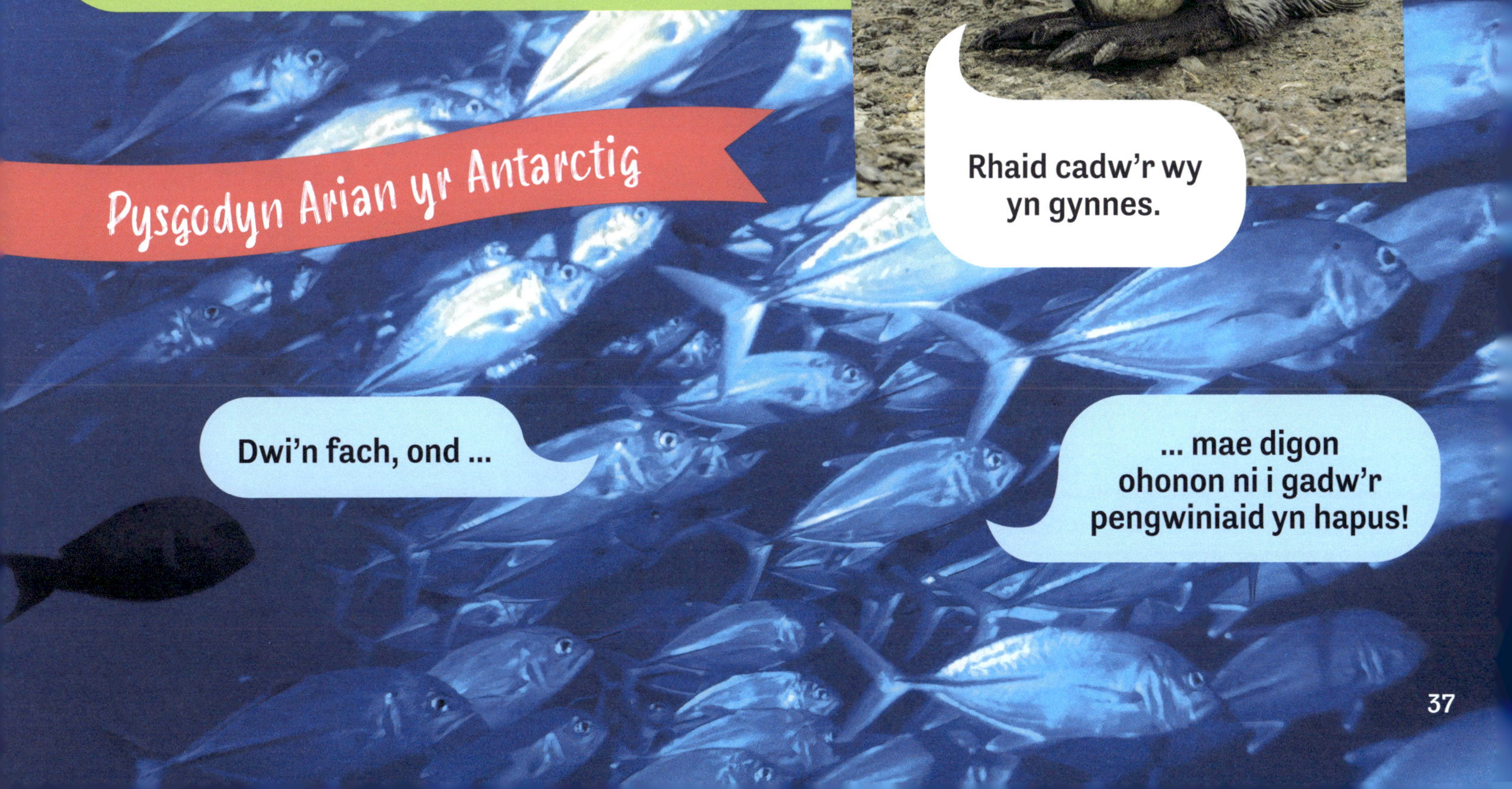

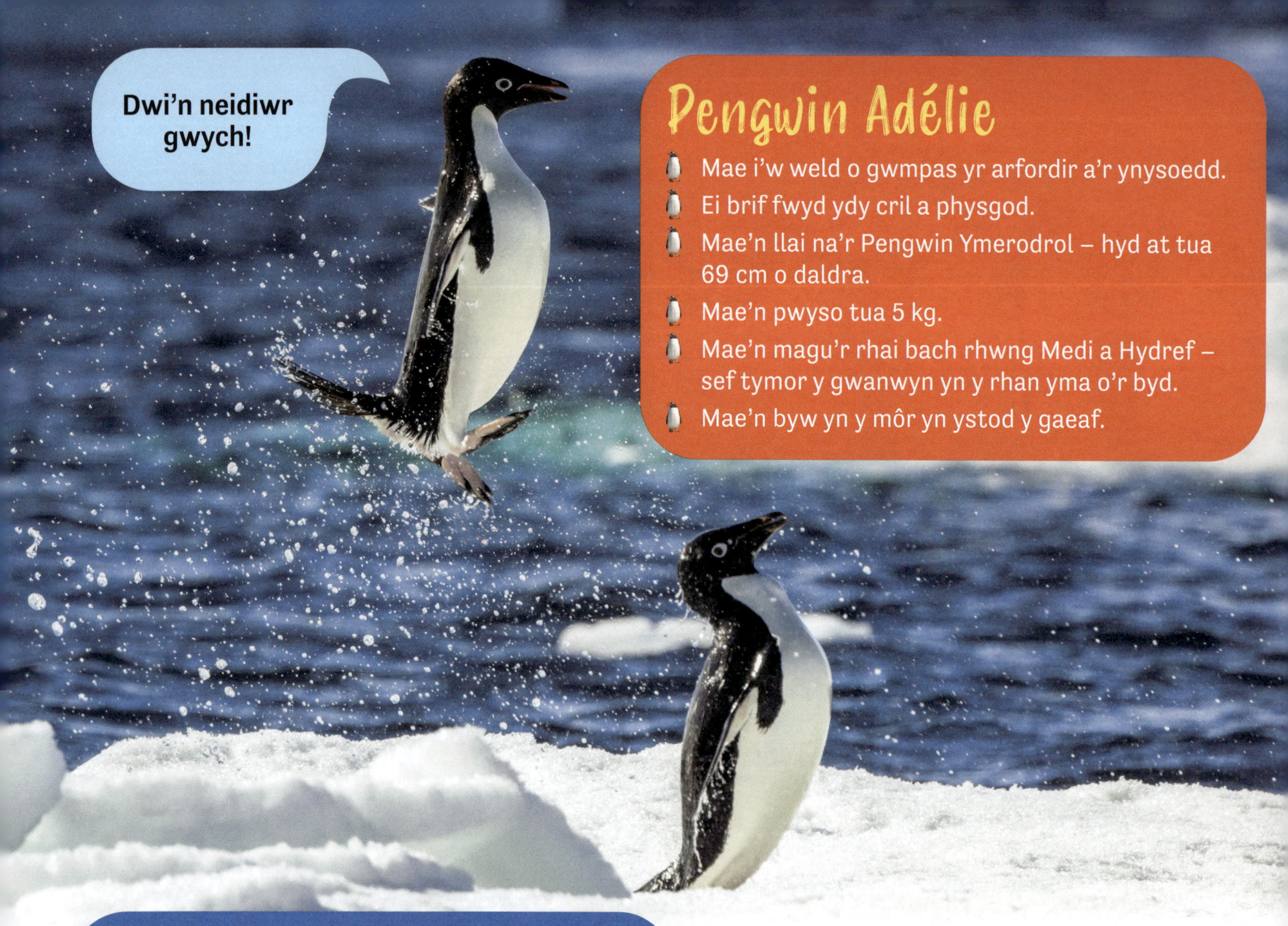

Pengwin Adélie

- Mae i'w weld o gwmpas yr arfordir a'r ynysoedd.
- Ei brif fwyd ydy cril a physgod.
- Mae'n llai na'r Pengwin Ymerodrol – hyd at tua 69 cm o daldra.
- Mae'n pwyso tua 5 kg.
- Mae'n magu'r rhai bach rhwng Medi a Hydref – sef tymor y gwanwyn yn y rhan yma o'r byd.
- Mae'n byw yn y môr yn ystod y gaeaf.

Pengwin Gentoo

- Mae ganddo streipen wen uwchben ei lygaid, a phig a choesau oren llachar.
- Mae'n perthyn yn agos i'r Adélie a'r Chinstrap.
- Mae'n byw ar yr arfordir a'r clogwyni creigiog.
- Ei hoff fwyd ydy cril gyda physgodyn neu ddau.
- Mae'n gallu cyrraedd cyflymder o 22 milltir yr awr o dan y dŵr.

Waw! Dwi'n glyfar!

Fi ydy Gentoo y pengwin **clyfar**! Dwi wrth fy modd yn y dŵr. Dwi'n wych am neidio o'r tonnau. Mae rhai yn dweud fy mod yn well na'r llamhidydd (*porpoise*) am neidio ... dwi'n cytuno'n llwyr! **Dwi'n seren!**

* ARGYFWNG! *

Mae hinsawdd y byd yn newid. Mae'n fwy cynnes. Wrth i'r llenni iâ hollti o'r tir a llithro i'r môr, mae lefelau'r môr yn codi ar draws y byd. O ganlyniad, mae **cynefin** y pengwin, y morlo a chreaduriaid eraill yn cael ei effeithio.

Beth ydy ystyr …

… cynefin?
Yr ardal neu'r amgylchedd y mae anifail neu blanhigyn yn gartrefol ynddo. Ardal lle mae planhigion arbennig yn tyfu ynddo yn naturiol neu sy'n gartref naturiol i fathau arbennig o adar neu anifeiliaid.

Gyda'r tymheredd yn codi, mae'r môr yn fwy cynnes. Mae hyn yn gallu effeithio ar nifer y cril sydd yn y môr … a bydd hynny'n effeithio ar faint o fwyd fydd ar gael i'r pengwin a phawb arall.

DYDDIADUR

Dydd Sadwrn, 11 Tachwedd

Edrych am forfilod heddiw o'r llong. Y gwynt yn gryf ac oer iawn. Roedd rhaid gwisgo dillad cynnes ond roedd hi'n dal yn oer. Gweld 'chwythiad' morfil yn agos iawn i'r llong. Anhygoel!

DYDDIADUR

Dydd Sul, 12 Tachwedd

Aros ar y llong heddiw. Y tywydd yn rhy arw. Dwi'n teimlo'n sâl. Mae'r llong yn symud yn ôl ac ymlaen yn y tonnau garw. Mae'n oer. Mae'n -30°C gyda'r gwynt yn chwythu bron i 100 milltir yr awr!

YMCHWIL, YMCHWIL ... A MWY O YMCHWIL

Dim ond gwyddonwyr sy'n byw yma drwy'r flwyddyn. Maen nhw'n astudio'r llenni iâ a'r rhewlifoedd. Maen nhw am ddeall beth ydy effeithiau cynhesu byd-eang ar y cyfandir rhyfeddol yma. Maen nhw am ddeall sut y mae nwyon tŷ gwydr, fel carbon deuocsid, yn effeithio ar yr hinsawdd. **Mae ymchwil yn bwysig.**

Canolfan ymchwil Scott Base yn ystod yr haf

Y dyfodol – Canolfan ymchwil ecogyfeillgar yn Antarctica

Gwyddonwyr prysur

Mae'r gwyddonwyr yn byw mewn adeiladau cadarn sy'n gallu gwrthsefyll tywydd eithafol iawn. Mae popeth sydd eu hangen arnyn nhw'n gorfod bod ar gael o fewn y ganolfan ymchwil.

Mae sawl canolfan ymchwil ar draws Antarctica. Mae'r rhan fwyaf ohonyn nhw yn ymyl yr arfordir. Un o'r canolfannau hynny ydy Scott Base. Mae'r awyr glir uwchben Antarctica yn berffaith ar gyfer astudio'r planedau a'r sêr.

UN BLUEN EIRA … AC UN ARALL … AC UN ARALL!

Wrth i'r plu eira ddisgyn maen nhw'n casglu ar ben yr eira sydd yno yn barod. Dros amser, mae haen ar ben haen yn casglu gan greu cyfres o haenau. Bydd yr haenau isaf yma'n cael eu *gwasgu* gan ffurfio iâ glas trwm.

Mae'r haenau hyn wedi bod yn casglu *dros filoedd o flynyddoedd*. Drwy astudio'r haenau rydyn ni'n dysgu sut mae hinsawdd y Ddaear wedi newid dros amser. Rydyn ni'n gallu defnyddio'r wybodaeth hon i ragweld y tywydd yn y dyfodol.

Waw! Mae'n anodd credu!

Mewn rhannau o Antarctica mae trwch yr iâ yn 4.5 km.

Mae'r clogwyni iâ yn gallu bod yn **48 metr** o uchder – cymaint ag **11** bws deulawr wedi'u gosod ar ben ei gilydd!

TODDI!

Fel mae'r iâ yn toddi mae **ogofâu** yn ffurfio o dan yr iâ glas. Maen nhw'n anhygoel! Ond maen nhw'n gallu bod yn beryglus i bobl sy'n mentro i mewn i'r ogofâu. Gan fod yr iâ yn symud mae'n gwneud popeth mor ansicr a pheryglus.

Mentro i mewn i'r ogofâu o dan yr iâ glas.

Yr Haf yn Antarctica

Does **dim coed na llwyni** yn tyfu yn Antarctica oherwydd y tywydd oer eithafol. Yr unig blanhigion sy'n tyfu yno ydy gwahanol fathau o fwsogl, cen (*lichen*) neu algâu. Fel arfer, mae'r planhigion hyn i'w gweld mewn ardaloedd lle mae'r iâ wedi toddi.

Mae cen yn tyfu'n **araf iawn**. Mae'r rhai sy'n agos i'r môr yn tyfu tua 1 cm mewn 100 mlynedd. Ond, mewn ardaloedd sy'n bell o'r môr mae'n gallu cymryd 1,000 o flynyddoedd i dyfu 1 cm!

Mwsogl yn tyfu ar y creigiau noeth

Cen yn tyfu ar y graig.

Teithio yn y Zodiac

DYDDIADUR

Dydd Llun, 13 Tachwedd

Mae storm ddoe wedi pasio, diolch byth! Cyfle i fynd allan ar y Zodiac.

Roedd y daith draw i Benrhyn yr Antarctig yn anhygoel! Roedd mor wahanol gyda chlogwyni iâ uchel a thirlun trawiadol.

Diwrnod i'w gofio heddiw! Roedd teithio o amgylch y clogwyni iâ yn brofiad oes.

Beth sy'n anhygoel ydy sylweddoli bod rhan fwyaf o'r clogwyni iâ o dan lefel y môr!

Cyfle i glywed heno am waith ymchwil pawb arall o'r criw. Pob un yn sôn am beth oedden nhw'n wneud. Roedd rhai yn arbenigo mewn bioleg neu ffiseg ac eraill yn astudio'r gofod. Mae cymaint o wyddonwyr â diddordebau gwahanol ganddyn nhw yn Antarctica.

Penrhyn yr Antarctig

Mae beth sy'n digwydd yn Antarctica yn effeithio arnat ti a ... fi.

Mae'n anodd credu bod cyfandir sydd mor bell o Gymru yn effeithio ar ein tywydd a'n hinsawdd ni. Mae'r newidiadau yn hinsawdd y byd am dros filiwn o flynyddoedd i'w gweld yma'n Antarctica. Mae'r gwyddonwyr wedi gwneud hynny drwy dyllu i lawr drwy'r llenni iâ.

Rhyfeddol!

Waw!

Bydd angen i berson fwyta o leiaf **3,200** calori bob dydd i gadw'n gynnes yn Antarctica. Os bydd rhywun yn gweithio yn yr awyr agored yna bydd angen iddyn nhw fwyta tua **5,000** calori bob dydd!

Wyt ti'n gwybod ...

... beth ydy'r gwahaniaeth rhwng tywydd a hinsawdd?

Tywydd ydy'r newid yn yr atmosffer o ddydd i ddydd yn lleol. Er enghraifft, mae'n bwrw glaw heddiw ond bydd haul yfory.

Hinsawdd ydy'r newid mewn amodau tywydd dros gyfnod hir iawn o amser. Er enghraifft, pum deg mlynedd yn ôl roedd mwy o stormydd eira yn y gaeaf nag sydd yna heddiw.

GOFALU AM ANTARCTICA

Mae'n rhaid gofalu am y lle rhyfeddol yma, ac mae'n rhaid gwarchod Antarctica. Y cytundeb sy'n gwneud hynny ydy Cytundeb Antarctica. Llofnodwyd y cytundeb hwn yn wreiddiol yn 1959. Erbyn hyn mae **58** o wledydd wedi arwyddo'r cytundeb. Y cytundeb hwn sy'n gyfrifol am edrych ar ôl Antarctica.

Beth mae'r cytundeb yn ei ddweud?

Does dim hawl cynnal arbrofion milwrol yno.

Does dim hawl gosod arfau yno.

Cyfandir o gyd-fyw heddychlon.

Does dim hawl cloddio am fwynau na hawliau hela.

CYDWEITHIO RHYNGWLADOL

Beth sydd mor **arbennig** am Antarctica ydy bod gwledydd yn cydweithio gyda'i gilydd – o ran ymchwil a gofalu am yr amgylchedd. Mae gwyddonwyr yn rhannu gwybodaeth er mwyn dod i ddeall mwy am y cyfandir rhyfeddol hwn.

Rhaid symud pob gwastraff o Antarctica

Mae Antarctica ar gyfer gwaith ymchwil yn unig.

Dydy Antarctica ddim yn cael ei reoli gan unrhyw wlad.

Gwarchod yr amgylchedd

Rhan bwysig o Gytundeb Antarctica ydy gofalu am amgylchedd arbennig y cyfandir rhyfeddol. Felly, mae'n rhaid i'r gorsafoedd ymchwil sydd yno helpu i ofalu am yr amgylchedd. Er enghraifft, mae'n rhaid iddyn nhw symud pob gwastraff sydd ganddyn nhw o Antarctica. Does dim hawl i adael dim yno.

DYDDIADUR

Dydd Mawrth, 14 Tachwedd

Rhoi sgwrs heddiw i'r merched sy'n dod o bob rhan o'r byd. Siarad am Gymru. Siarad am beth ydy ystyr hiraeth. Does dim gair tebyg iddo yn Saesneg. Teimlad o berthyn. Teimlad o gysylltiad â chynefin a Chymru.

Mae Cilla yn dod o Seland Newydd. Mae'n siarad Maori. Roedd hi mor braf cael rhannu profiadau gyda'n gilydd a sôn am y teimlad o berthyn. Roedd dweud 'Dwi'n Gymraes' yn meddwl cymaint i mi. Roedd Cilla yr un mor falch o gael dweud 'Dwi'n Maori'. Fuon ni'n trafod enwau planhigion a chyfoeth byd natur yn Gymraeg ac yn iaith y Maori. Mor ddifyr. Dwy wlad a dwy iaith wahanol ond yn perthyn i'r un byd.

Rhyfeddol!

GWAED AR YR EIRA GWYN!

Diffeithwch gwyn ydy Antarctica, ond weithiau mae'r eira yn troi'n goch neu'n binc, fel bod rhyw frwydr gwaedlyd wedi bod! Mae'r cyfan wedi'i greu gan algâu – *Chlamydomonas nivalis*. Ar rai adegau o'r flwyddyn, mae'r algâu yn gwneud i'r eira edrych yn wyrdd ac ar adegau eraill mae'n edrych yn binc neu'n goch. Maen nhw'n gallu addasu i newidiadau yn y tymhorau a'r amgylchedd. Mae'r algâu yn wyrdd yn ystod y cyfnod atgenhedlu, ac yna'n binc neu'n goch ar adegau eraill.

Bywyd rhyfeddol o dan yr iâ

O dan wyneb moroedd rhewllyd Antarctica mae byd arall sy'n llawn rhyfeddod. Er bod y dŵr yn rhewllyd oer o dan haen drwchus o iâ, mae cyfoeth o greaduriaid yn byw yma, rhai sydd wedi addasu i fyw yn un o'r cynefinoedd mwyaf heriol yn y byd.

Y prif reswm am hynny ydy bod yma ddigon o fwyd ar eu cyfer. Mae'r dŵr oer yn gyfoethog mewn plancton. Mae plancton yn bwysig iawn yn y gadwyn fwyd. Y nhw sy'n darparu bwyd ar gyfer creaduriaid eraill yn y môr.

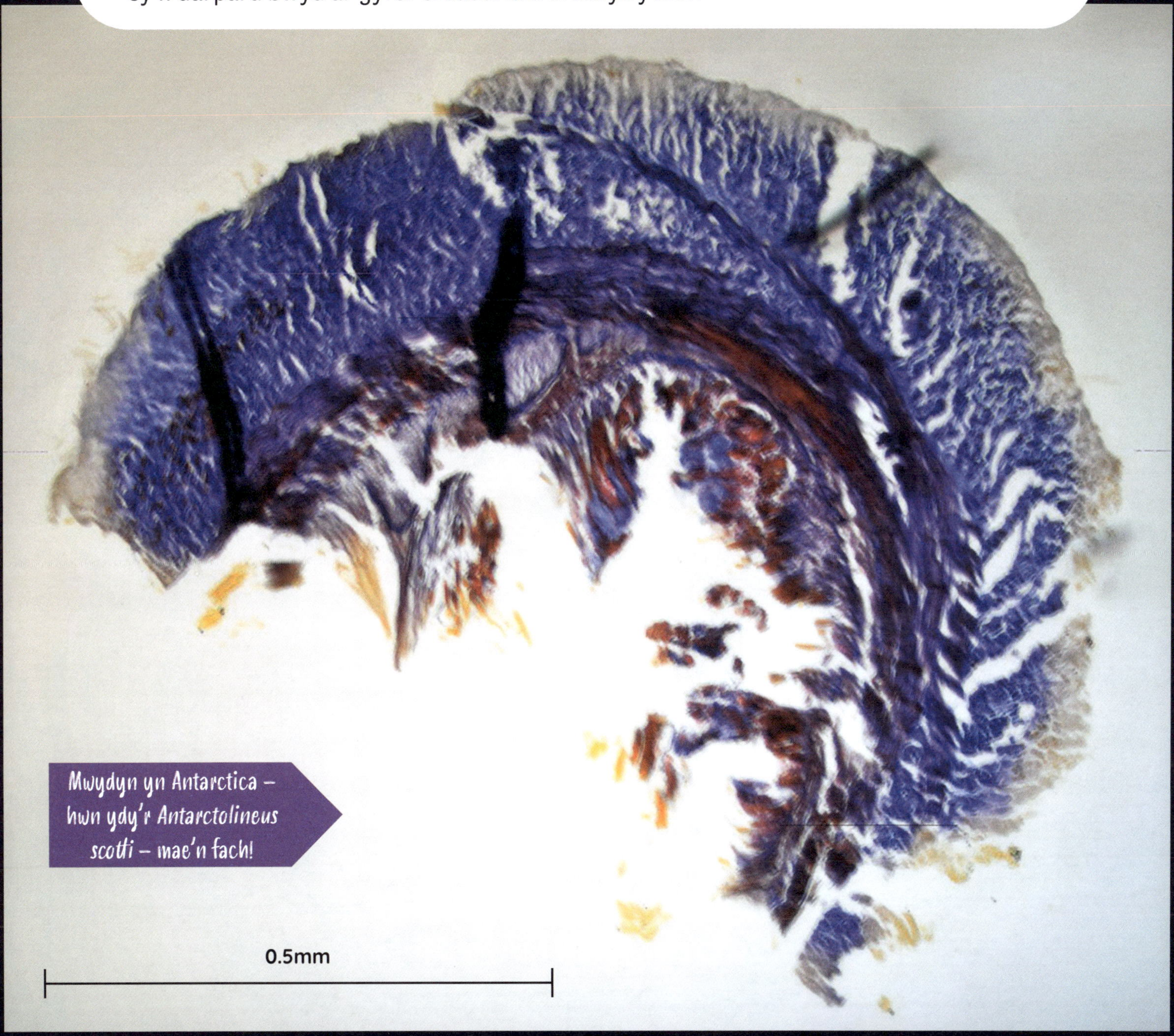

Mwydyn yn Antarctica – hwn ydy'r *Antarctolineus scotti* – mae'n fach!

Y plancton pwysicaf o'r cyfan ydy'r cril. Maen nhw'n edrych yn debyg iawn i'r berdysen (*shrimp*). Er eu bod mor fach maen nhw'n rhan bwysig iawn o'r ecosystem. Y nhw sy'n gofalu bod y morfil, y morlo a'r pengwin yn cael digon o fwyd i'w cadw'n fyw.

Un o fwydod rhyfeddol Antarctica

Eulagisca gigantea – un o'r mwydod mwyaf cyffredin yn Antarctica.

Er bod cymaint o'r creaduriaid yma'n byw o dan y môr a'r iâ, maen nhw'n hynod o bwysig i iechyd y blaned, gan gynnwys cefnforoedd y byd. Mae gwyddonwyr yn brysur yn astudio'r cynefinoedd hyn er mwyn dysgu mwy amdanyn nhw. Maen nhw am weld sut mae'r anifeiliaid hyn yn byw mewn cynefinoedd mor anodd. Maen nhw hefyd am ddysgu mwy am sut mae newid yn yr hinsawdd yn effeithio ar eu cynefin ... a gweddill y byd.

Waw!

Anemoni

Anemoni môr

Un o'r mathau mwyaf o anemoni yn Antarctica ydy'r Urticinopsis Antarctica. Mae tua 120 mm o uchder gyda breichiau hir yn ymestyn allan.

Un neu ddau o bysgod rhyfeddol Antarctica

Mae'r môr yn llawn creaduriaid o bob math – sêr môr, draenogod y môr, a mwydod y môr mawr. Mae'r creaduriaid yma'n cropian ar hyd gwely'r môr. Maen nhw'n bwydo ar beth bynnag y gallan nhw ddod o hyd iddo. Mae rhai ohonyn nhw'n lliwgar, sy'n rhyfeddol mewn lle mor oer a thywyll.

Pysgodyn dannedd

Mae cyfoeth o bysgod rhyfeddol yn y moroedd o amgylch Antarctica. Un ohonyn nhw ydy'r pysgodyn sydd gyda rhes o ddannedd miniog – y pysgodyn dannedd (*toothfish*). **Dydy hwn ddim at ddant pawb!**

Pysgodyn iâ

Un arall o'r pysgod rhyfeddol ydy'r pysgodyn iâ (*icefish*). Gwaed gwyn sydd gan hwn! Yn wahanol i'r rhan fwyaf o bysgod does ganddyn nhw ddim celloedd gwaed coch na hemoglobin. Dyna pam y mae hi bron yn bosibl gweld trwyddyn nhw!

Maen nhw wedi addasu i'w cynefin rhewllyd er mwyn goroesi – a hynny yn yr amgylchedd oeraf a mwyaf garw ar y blaned. Mae'r pysgod yma'n cynnig bwyd i **ysglyfaethwyr** eraill moroedd yr Antarctig.

Beth ydy ystyr ...
... ysglyfaethwr?
Anifeiliaid sy'n hela anifeiliaid eraill am fwyd. Mae ysglyfaethwr yn hela anifail arall er mwyn ei fwyta i gadw'n fyw.

DYDDIADUR

Dydd Sul, 19 Tachwedd

Diwrnod mawr – heddiw, dwi fod i neidio i ddŵr oer Antarctica gyda gweddill y criw! Doedd hi ddim yn hawdd ffeindio lle diogel – roedd y môr yn rhy arw, yn rhy wyntog neu fod gormod o iâ. Dyma ni'n penderfynu symud o Benrhyn yr Antarctig a mynd i Ynys Deception. Mae'r dŵr ychydig yn gynhesach yno gan fod dŵr cynnes yn codi o'r graig islaw.

Dyna ffeindio lle o'r diwedd. Sut deimlad fydd neidio i mewn i ddŵr oer Antarctica? Fydd y sioc yn ormod i mi?

Dyna benderfynu fod pawb yn neidio i'r dŵr gyda'i gilydd. Un, dau, tri ... ac i mewn â ni! Mae'r dŵr rhewllyd mor oer, mae'n dwyn fy ngwynt! Does dim profiad tebyg iddo, a dwi mor falch fy mod wedi mynd amdani.

Profiad oes!

Dwi am fynd amdani! Plymio i mewn i'r dŵr oer! Dyma'r 'Polar Plunge' enwog.

Neidio i mewn i'r dŵr oer ydy un o brofiadau mwyaf arbennig ymweld ag Antarctica.

Ar ein ffordd i Ynys Deception – pawb mewn hwyliau da!

Waw!

Rym yn dathlu!

Mae tymheredd y dŵr yn gallu disgyn hyd at **-1.8°C** yn Antarctica heb fod y môr yn rhewi. Y rheswm am hyn ydy bod cymaint o halen yn y môr.

Beth allwn ni wneud i helpu gwarchod Antarctica?

Mae gwarchod Antarctica yn bwysig. Mae'n gyfandir rhyfeddol. Mae'n un o'r lleoedd mwyaf rhyfeddol yn y byd. Mae'n bell o Gymru, ond mae cymaint o bethau y gallwn ni ei wneud yma i leihau effeithiau cynhesu byd-eang drwy wneud pethau sy'n fwy **cynaliadwy**.

Wyt ti'n gwybod …

… beth ydy bod yn gynaliadwy?

Bod yn gynaliadwy ydy gofalu am y Ddaear fel bod y byd yn aros yn iach am amser hir, yn union fel yr wyt ti'n gofalu am dy anifail anwes. Un ffordd syml o wneud hynny ydy ailgylchu gwastraff a lleihau'r defnydd o blastig.

DYDDIADUR

Dydd Llun, 20 Tachwedd

Mae'n amser gadael Antarctica! Dwi wedi dysgu llawer iawn o'r profiad. Dwi wedi dod i ddeall bod beth rydyn ni'n wneud yma yng Nghymru yn effeithio ar beth sy'n digwydd yn Antarctica. Mae'r cyfan yn rhan o'r un byd.

DYFODOL ANTARCTICA

Mae newid hinsawdd yn effeithio ar gyfandir Antarctica. Mae hyn i'w weld mewn sawl ffordd. Mae llenni iâ a rhewlifoedd yn toddi. Mae'r tymhorau yn newid. Mae mwy o dywydd eithafol. Mae mwy o lifogydd a thanau gwyllt. Mae ecosystemau yn newid.

Mae'n bosib y bydd y rhain yn newidiadau **parhaol** ac y bydd canlyniadau **sylweddol** ar draws y byd.

DWI ADREF!

DYDDIADUR

Dydd Llun, 4 Rhagfyr

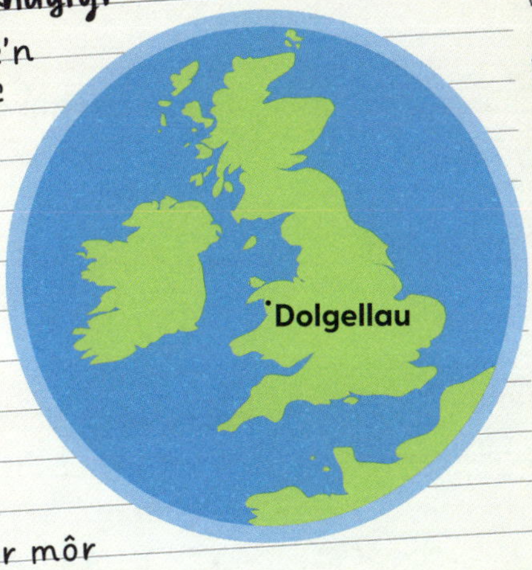

Dwi adref! Mae'n braf bod adref unwaith eto. Mae'n braf gweld y glaw! Mae'n braf gweld yr afon wrth y tŷ yn byrlymu tua'r môr – mae'n llifo i'r un dŵr môr ag sy'n Antarctica. Dwi'n benderfynol o wneud cymaint â dwi'n gallu i warchod yr amgylchedd. Dwi am ddysgu am newid hinsawdd a gwneud dewisiadau call. Dwi am ddysgu sut i ddefnyddio llai o egni a diogelu'r amgylchedd. Gallwn ni – ti a fi – helpu i ofalu am ein planed. Gallwn ni – ti a fi – ddiogelu Antarctica a chyfandiroedd eraill ar gyfer pobl yn y dyfodol.

Dwi am ddysgu mwy am y cynefinoedd lleol hefyd. Dwi am annog pawb i edrych ar ôl eu cynefinoedd; bydd hyn yn gwarchod cynefinoedd pwysig eraill fel Antarctica. Drwy ymweld ag Antarctica dwi wedi dysgu mai dim ond un byd sydd. Rydyn ni gyd yn byw yn yr un byd. Byd bregus. Byd sy'n newid oherwydd newid hinsawdd.

DWI'N GALLU GWNEUD GWAHANIAETH.

TI'N GALLU GWNEUD GWAHANIAETH.

MAE PAWB YN GALLU GWNEUD GWAHANIAETH!

BETH YDY YSTYR Y GAIR YNA?

allyriadau *emissions*
Nwyon fel carbon deuocsid a methan yn cael eu rhyddhau i'r atmosffer.

arfordir *coastline*
Yr ymyl o dir rhwng y tir a'r môr ar lan y môr.

arnofio *float*
Rhywbeth sy'n aros ar wyneb y dŵr heb suddo.

cefnfor *ocean*
Ardal enfawr o ddŵr hallt sy'n gorchuddio tua thri chwarter o wyneb y ddaear.

cerrynt *current*
Llif o ddŵr sy'n symud i gyfeiriad arbennig yn y môr.

clefyd *disease*
Cyflwr sy'n achosi niwed i iechyd person, anifail, neu blanhigyn.

clogwyn *cliff*
Wyneb uchel, serth o graig neu bridd.

cynhesu byd-eang *global warming*
Cynnydd anarferol o gyflym yn y tymheredd drwy fod nwyon tŷ gwydr fel carbon deuocsid a methan yn cael eu rhyddhau i'r atmosffer.

daeareg *geology*
Astudio creigiau, pridd a'r pethau hynny sy'n ffurfio crystyn y ddaear.

diffeithwch *desert*
Ardaloedd sych iawn mewn ardaloedd poeth fel y Sahara neu ardaloedd sych iawn mewn ardaloedd oer o'r byd fel Antarctica.

ecosystem
Grŵp o anifeiliaid, planhigion a micro-organebau sy'n byw gyda'i gilydd mewn un lle.

gwyddonydd *scientist*
Person sy'n arbenigo mewn astudio maes gwyddonol.

hinsawdd *climate*
Y tywydd mewn gwlad neu ardal arbennig dros gyfnod hir o amser.

lledred *latitude*
Llinell sy'n dangos pellter i'r de neu'r gogledd o'r cyhydedd (canol y byd) wedi'i fesur mewn graddau.

llen iâ *ice sheet*
Haen drwchus o iâ yn gorchuddio ardal fawr am gyfnod hir o amser.

llosgfynydd *volcano*
Agoriad yn y ddaear lle mae craig wedi toddi a bydd lafa, lludw a nwyon yn ffrwydro allan. Yn aml, mae mynydd yn cael ei greu o gwmpas yr agoriad fel mae'r lafa poeth yn oeri.

mamal *mammal*
Anifail sy'n cael ei fwydo pan mae'n fach ar laeth o gorff ei fam.

mynydd iâ *iceberg*
Darn mawr iawn o iâ sydd wedi 'hollti' o len iâ neu rewlif ger yr arfordir ac sy'n arnofio yn y môr.

penrhyn *headland*
Darn o dir uchel sy'n ymestyn i'r môr.

planhigyn brodorol *native species*
Planhigyn sy'n wreiddiol o ardal arbennig.

rhewbwynt *freezing point*
Y tymheredd pan fydd dŵr yn troi'n iâ.

rhewlif *glacier*
Eira wedi'i wasgu i greu iâ sy'n symud yn araf fel arfer i lawr llethr neu ar draws y tir.

rhyfeddod *wonder*
Rhywbeth hardd a diddorol iawn sy'n gwneud i ni synnu ac edmygu.

traddodiad *tradition*
Yr arferion sy'n cael eu trosglwyddo o un genhedlaeth i'r llall.

tymheredd *temperature*
Mesur o pa mor boeth neu pa mor oer ydy rhywun neu rywbeth.

tywydd *weather*
Cyflwr dyddiol yr atmosffer, neu'r aer, mewn unrhyw le ar amser penodol. Mae heulwen, cymylau, tymheredd a glaw sy'n ffurfio'r tywydd yn newid yn aml iawn yng Nghymru.